글 ♥ 그림 밀키하트

은행나무

차례

7   *Babypink Dreams*

33   일상비일상

53   폭신폭신 프렌즈

77   *postcard*

87   에세이

Babypink Dreams

Babypink Dreams
♥

✝ 脱出 ✝

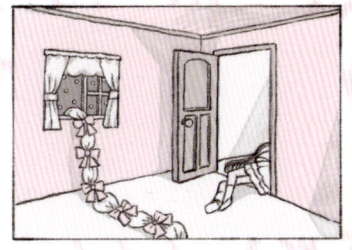

탈출

Best friend forever

친구가 되어 줘

지옥의 천사

Lamp room

My little bunny girl

딸기향 홍차

나의 첫 사랑니 상실

Babypink Dreams

おやすみ

포근포근 낮잠 시간

Babypink Dreams

Love me tender

초코맛 리미널

Babypink Dreams

Going home

Going home

3am

일상비일상

coffee break

마지막 생일

전파소녀의 소실

새콤달콤 데이트

일상비일상

사랑해줘!

일상비일상

오후의 정원

일상비일상

발레 소녀

일상비일상

My diary

In my bag★

일상비일상

Time for bed

BABY MILD

Time for bed

My fluffy friend ♡ 하루

폭신폭신 프렌즈

My fluffy friend ♡ 미코

My fluffy friend ♡ 나나

My fluffy friend ♡ 유미

푹신푹신 프렌즈

My fluffy friend ♡ 사요링

My fluffy friend ♡ 샴푸

My fluffy friend ♡ 엘리

My fluffy friend ♡ 나나미

폭신폭신 프렌즈

My fluffy friend ♡ 미아

My fluffy friend ♡ 클로이

폭신폭신 프렌즈

My fluffy friend ♡ 리카

Babypink Dreams

       날지 못하는 날개
       한 쌍이 있어도 외롭기만 하다.

       방 안에 있어도 창문만 바라보는 소녀와
       푹신한 쿠션을 넘어 활짝 열려있는 창문에는
       한 걸음의 거리가 있어서

       앉아보아도 살짝 누워도
       거리가 좁혀지진 않을 것 같아

       푹신한 양말을 신고 예쁜 슬리퍼를 신고
       조심스럽게 꿈에 다가가고 싶어
       내딛는 한 걸음

일상비일상

발레슈즈의 리본은 분홍색으로
햇빛을 가리기 위한 양산은 예쁜 레이스로
폭신한 룸슈즈는 곰돌이 얼굴 장식으로

좋아하는 것을 내 하루에 섞는
비일상적인 일상

쿠키를 집어보면 하트 모양에 미소 짓고
휴대폰 키링과 같은 뾰족한 뿔을 머리에 쓰고
거울을 보는

소녀의 아침과 저녁은
일상 가득한 비일상

폭신폭신 프렌즈

손바닥을 눌러보면 푹 들어가는 고양이 발바닥
귀도 잡아보면 한 손에 부드러움 가득한 토끼 귀

맞은편에 앉은 천사도
지금 그 상대방인 소녀도
폭신함으로 잔뜩 무장된 친구

다람쥐도 곰돌이도 고양이도 토끼도 양도
모두 소녀의 친구들

달콤함과
리본과
조금 어른스러운 립스틱까지

함께 골라주고
옆에 있어주는

나만의 친구

Milky heart